CEPHALE
ET PROCRIS,
TRAGEDIE.
EN MUSIQUE,

REPRESENTE'E
PAR L'ACADEMIE ROYALLE
DE MUSIQUE.

On la vend
A PARIS,
A l'Entrée de la Porte de l'Academie Royalle de Musique,
Au Palais Royal, ruë Saint Honoré.
Imprimée aux dépens de ladite Academie.
Par CHRISTOPHE BALLARD, seul Imprimeur du Roy pour la Musique.
M. DC XCIV.

ACTEURS
DU PROLOGUE.

FLORE.

PAN.

NERE'E.

Chœur & Troupe de Nymphes de la suite de Flore.

Chœur & Troupe de Faunes & de Divinitez des Bois.

Troupe de Tritons & de Dieux de la Mer.

PROLOGUE.

Le Theatre repreſente un Bois. La Mer paroiſt dans le fonds.

FLORE. PAN.

IL eſt temps que chacun ſe raſſemble en ces lieux,
Déja l'Aurore vigilante
Commençant ſa route brillante,
Precéde le Soleil qui monte dans les Cieux.

FLORE.

On voit dans ces plaines fleuries
Le Dieu des jours & des ſaiſons,
Mêler l'or de ſes rayons
A l'émail de nos prairies.

PROLOGUE.

Par tout mille Oyseaux divers
Celebrent le retour de ce flambeau du monde,
Et par les plus tendres concerts
Accordent leurs Chansons au murmure de l'Onde
Que le Zephire emporte dans les Airs.

PAN.

Rien ne doit retarder nos fêtes.
Le desir de chanter le plus puissant des Roys
Nous fit assembler dans ces Bois;
Si l'on voit s'élever d'effroyables tempestes,
Vains ennemis tremblez pour vos superbes têtes;
La gloire asservie à ses loix
Va couronner ses dernieres conquestes
Par de nouveaux Exploits.

FLORE. PAN.

Rien peut échapper à sa sagesse extrême,
L'Orgueil est pour jamais à ses pieds abbattu.

PAN.

Ce n'est point de son Diadême
Qu'il emprunte l'éclat dont il est revêtu.

FLORE.

Toujours plus noble & plus grand par luy même
Sa gloire, sa grandeur suprême,
Sont au dessous de sa vertu.

PROLOGUE.

FLORE. PAN.

Chantons sa valeur immortelle.
Publions ses faits glorieux;
Que sa gloire soit éternelle
Quelle dure autant que les Dieux.

CHOEUR DE NYMPHES ET DE FAUNES.

Chantons sa valeur immortelle.
Publions ses faits glorieux;
Que sa gloire soit éternelle
Quelle dure autant que les Dieux.

Entrée des Nymphes de la suite de Flore.

DEUX NYMPHES.

Qu'un cœur est heureux
Dans un doux esclavage!
Qu'un cœur est heureux
Sous l'empire amoureux!
Dans la vive ardeur qu'inspire le bel âge,
Quand mille plaisirs peuvent combler ses vœux.
Qu'un cœur est heureux
Dans un doux esclavage!
Qu'un cœur est heureux
Sous l'empire amoureux!

PROLOGUE.

Les tendres Oyſeaux de ce charmant boccage,
Semblent nous chanter en exprimant leur feux ;
Qu'un cœur eſt heureux
Dans un doux eſclavage !
Qu'un chœur eſt heureux
Sous l'empire amoureux !

Les Nymphes recommencent leurs Danſes, aprés leſquelles Nerée paroiſt ſur la Mer dans un Char conduit par des Tritons. Il eſt accompagné de huit Dieux de la Mer.

FLORE. PAN.

Quelle Divinité ſe preſente à nos yeux ?
Nerée avance dans ces lieux.

NERE'E.

Je ſors de l'empire de l'Onde
Pour prendre part à vos concerts.
L'Envie agitte l'Univers,
Et veut de ſa fureur embrazer tout le monde ;
Mais ſa jalouſe rage en vain veut éclatter,
Quels projets odieux pourront executer
Des ennemis tremblants au ſeul nom de la France?
Et qui craindroient de rien tenter
S'ils ne connoiſſoient la clemence
Du Heros glorieux qu'ils oſent irritter.

PROLOGUE.

FLORE.

O vous! qu'un ſort heureux ſous ſes loix à fait naître,
Que le Ciel à jamais protege voſtre Maiſtre,
Que de ſes ans rien n'arreſte le cours ;
Ne demandez ny grandeur, ny victoire ;
Pour vous combler de bonheur & de gloire,
C'eſt aſſez que les Dieux prennent ſoin de ſes jours.

CHOEUR.

Cherchons à ſatisfaire
Les plus doux de nos vœux ;
Preſentons-luy nos concerts & nos jeux
Heureux ſi nous pouvons luy plaire.

ENTRE'E des Dieux de la Mer.

Un Dieu de la Mer.

L'Amour ſoumet tout le monde,
Et juſques dans l'Onde
L'on ſent ſes feux ;
Profitons de noſtre jeuneſſe
Suivons la tendreſſe ;
Le trait qui nous bleſſe
N'eſt point dangereux.
Profitons de noſtre jeuneſſe
Suivons la tendreſſe ;
Le trait qui nous bleſſe
Doit nous rendre heureux.

PROLOGUE.

Les Dieux de la suite de Nerée recommençent leurs danses. Les Nymphes de Flore s'y joignent, & forment avec eux la derniere Entrée.

NERE'E.

Dans des lieux que le Ciel garantit de l'orage,
Retraçons de Procris les tragiques amours.
Heureux? si de ses maux la vive & triste image,
Peut nous resoudre à fuïr un esclavage,
Toujours funeste au repos de nos jours.

PAN.

A l'abry du fracas des armes,
Allons à nos concerts mêler des chants nouveaux
A l'honneur de tant de Heros,
Qui vont au milieu des allarmes
Nous aßûrer un doux repos.

CHOEUR.

Courez, volez, ô Guerriers invincibles,
Estendez vos Exploits au bout de l'Univers.
Nous allons en des lieux paisibles,
Celebrer par nos chants vos triomphes divers.
Courez, volez, ô Guerriers invincibles,
Estendez vos Exploits au bout de l'Univers.

Fin du Prologue.

ACTEURS
DE LA TRAGEDIE.

L'AURORE.

PROCRIS, *Fille d'Erictée, aymée de Cephale.*

CEPHALE, *Amant de Procris.*

BORE'E, *Prince de Thrace, rival de Cephale.*

ERICTE'E, *Roy d'Athénes.*

IPHIS, *Nymphe confidente de l'Aurore.*

DORINE, *Confidente de Procris.*

ARCAS, *amy de Cephale, amant de Dorine.*

LA PRESTRESSE *de Minerve.*

Chœur & Troupe d'Atheniens & d'Atheniennes.

Troupe de Thraces de la suite de Borée.

Chœur & Troupe de Pastres & de Bergeres.

LA VOLUPTE'.

Troupe d'Amours, de Jeux, & de Suivantes de la Volupté.

Deux Zephirs.

LA JALOUSIE.

LA RAGE.

LE DESESPOIR.

Chœur & Troupe de Demons.

CEPHALE

CEPHALE ET PROCRIS, *TRAGEDIE.*

ACTE PREMIER.

Le Theatre represente une place de la Ville d'Athênes, ornée pour les jeux. Le Temple de Minerve paroît dans le fonds.

SCENE PREMIERE.

PROCRIS. BORE'E. DORINE.

BORE'E.

ME fuirez-vous toûjours? arrestez inhumaine.
Vostre injuste couroux ne peut-il se calmer?
Ah? pour meriter vostre haine.
Quel crime ais-je commis, que de vous trop aimer?

Vos mépris, vostre indifference
Sont-ils le prix de ma constance?

Un seul de vos regards pouroit charmer les Dieux.
Par tout vous allumez une secrette flâme:
Ne poura-t'on jamais faire naistre en vostre ame
L'amour que l'on prend dans vos yeux?

PROCRIS.

Malheureux qui ressent l'amoureuse puissance,
On ne goûte en aimant que des biens imparfaits;
Pour rendre deux cœurs satisfaits,
Il faudroit que l'Amour, la Paix & l'Innocence
Fussent toujours d'intelligence,
Et c'est ce qui ne fût jamais.

BORE'E.

Vous tachez vainement de paroistre invincible,
Je sçai ce qui vous porte à mépriser mes soins.
Cruelle, helas? vous me haïriez moins
Si vous estiez insensible.
Cephale va bien-tost paroistre dans ces lieux.
Sa Valeur a dompté les peuples de la Thrace.
De vos fiers ennemis il a puni l'audace.
Philomele est vangée. Il est victorieux.

Vous aimerez dans ce haut rang de gloire
Un jeune amant que vos yeux ont charmé;

Mais, s'il prétend sur moy remporter la Victoire,
Vous pourez quelque jour, sensible à sa memoire,
Vous repentir de l'avoir trop aimé.

SCENE SECONDE.

PROCRIS, DORINE.

DORINE.

Vous méprisez sa jalousie.
Que vostre sort a d'appas?
Rien ne sçauroit troubler vostre paisible vie.
Vous passez vos beaux jours sans crainte, sans envie.
On vous aime, & vous n'aimez pas.
Que vostre sort a d'appas?

PROCRIS.

Helas?

DORINE.

Vous soupirez? d'où vient cette tristesse?

PROCRIS.

C'est trop déguiser ma foiblesse;
L'amour m'a sçû lier du plus doux de ses nœux;

Pardonne, si j'ay pû te cacher ma tendresse,
Suis-je la seule helas! qui feint d'estre maistresse
D'un cœur soumis aux loix de l'Empire amoureux.
J'aime, il faut l'avoüer, il ne m'est pas possible
De fuir un doux engagement :
Mais le seul nom de mon amant
M'excuse assez d'estre sensible.

DORINE.

Cephale a t'il sceu vous charmer?
Chacun sçait que pour vous son ardeur est extrême.

PROCRIS.

Tu le connois ; crois-tû que quand il aime,
On puisse ne le pas aimer ?

DORINE.

Aux plus tendres douceurs vostre amour vous prepare,
Le Roi doit en ce jour vous choisir un Epoux ;
En faveur de Cephale on dit qu'il se déclare.

PROCRIS.

Je n'ose attendre un sort qui me paroist trop doux.
On voit les ardeurs les plus belles
Eprouver un sort rigoureux ;
Et les cœurs qui pouroient estre les plus fidelles
Sont souvent les plus malheureux.

SCENE TROISIE'ME.

PROCRIS, DORINE, ARCAS.

ARCAS.

LE devoir de Cephale auprés du Roi l'appelle.
Doit-il apprehender encor vôtre rigueur?
Il vous conserve dans son cœur
Une flame immortelle.
Aprés avoir vaincu nos ennemis jaloux,
Et porté son courage au comble de la gloire,
Vous l'allez voir à vos genoux
Moins content des honneurs d'une illustre victoire,
Que d'avoir combattu pour vous.
En cet heureux estat que faut-il qu'il espere?

PROCRIS.

Mes desirs sont soumis aux ordres de mon Pere,
C'est à lui de regler mes vœux.
Cephale aux yeux du Roi peut découvrir son ame,
S'il ne trouve que moy qui s'oppose à sa flame,
Il doit s'assurer d'estre heureux.

SCENE QUATRIE'ME.

D'ORINE, ARCAS.

ARCAS.

SEras-tu toujours inflexible ?
Je languis pour toy vainement.
Les pleurs d'un malheureux amant
N'ont pû rendre ton cœur sensible.
En vain le changement s'offre à me soulager,
Je ne sçaurois estre volage ;
Ingrate ta beauté m'engage
Et ta rigueur ne me peut dégager.

DORINE.

Tache à vaincre un amour qui te rend miserable,
Je veux, pour t'épargner des soupirs superflus,
Prêter à ton dépit un secours favorable,
Arcas, je ne te veray plus.

ARCAS.

Cruelle il te sied bien de braver ma colere ;
Tu sçais que tes mépris servent à m'enflamer.

DORINE.

Que ne sçais-tu te faire aimer ?

ARCAS.

Apprens-moi donc le secret de te plaire ?

DORINE.

L'amour n'est point charmant s'il n'offre des plaisirs,
Et tu portes par tout le chagrin, la tristesse:
Pense-tu, pour charmer une jeune maîtresse,
Qu'il n'en coûte que des soupirs?

ARCAS.

Promets-moy de m'aimer sans cesse;
De mes cruels ennuis tu finiras le cours?

DORINE.

Je t'aime cher Arcas, j'approuve ta tendresse,
Mais peut-on s'assurer qu'on aimera toujours?

ARCAS.

Quoi! tu crois donc changer! cruelle, quel outrage!

DORINE.

Pourquoi veux-tu que je m'engage
De ne cesser jamais de répondre à tes feux:
Crois-tu qu'un serment amoureux
M'empêcheroit d'être volage.
Sui mes conseils Arcas, vivons toujours en paix.
Un long engagement rarement a des charmes.

ARCAS.

Que pour les tendres cœurs la constance a d'attraits!

DORINE, ARCAS.

Pour vivre ſans chagrin, ſans trouble, ſans allarmes

Dor. { *Il faut ne s'engager* } *jamais.*
Ar. { *Dorine ne changeons* }

SCENE CINQUIE'ME.

DORINE, ARCAS. Choeur & Trouppe d'Atheniens & d'Atheniennes.

CHOEUR.

CElebrons d'un Heros la valeur triomphante
Nos ennemis ſont ſoumis à ſes loix.
Uniſſons nos cœurs & nos voix,
Chantons ſa Victoire éclatante,
Chantons ſes glorieux Exploits.

PREMIERE ENTRE'E.

SCENE

SCENE SIXIE'ME.

Tous les Acteurs de la Scene precedente.

LE ROY, CEPHALE.

LE ROY.

REdoublez vos chants d'allegresse,
Formez les concerts les plus doux.
Mes armes ont rendu le repos à la Grece,
Et Cephale est l'heureux Epoux
Que je destine à la Princesse.
Redoublez vos chants d'allegresse,
Formez les concerts les plus doux.

SECONDE ENTRE'E.

On réprend le Choeur Celebrons, &c. A la fin duquel le Temple de Minerve s'ouvre & la Grande Prêtresse en sort.

SCENE SEPTIE'ME.

Tous les Acteurs de la Scene precedente.

LE ROY, LA PRE'TRESSE.

LE ROY.

QUe vois-je ! de Pallas j'apperçoi la Prêtresse.

LA PRE'TRESSE.

Prince, que faites-vous ! quel hymen odieux
Osez-vous arrester sans consulter les Dieux?
Ecoutez ce qu'une Déesse
Veut bien vous dire par ma voix.
Le Ciel désaprouve le choix
Que vous faites pour la Princesse.
Si vous voulez qu'une profonde paix,
Forme les nœuds sacrez d'un auguste hymenée,
Accordez Procris à Borée,
Et condamnez Cephale à ne la voir jamais.

Elle se retire.

CEPHALE.

Qu'entens-je ! juste ciel ! Seigneur pourez-vous croire

Que les Dieux inhumains....

LE ROY.

Je conçoi vos douleurs.
Cét Oracle est pour vous le plus grand des malheurs,
Mais l'amour, au devoir doit céder la Victoire.
Reverons les Arrests que les Dieux ont dictez;
Un heros doit trouver sa gloire.
A soûmettre à leurs loix toutes ses volontez.

CEPHALE.

Mon rival pour m'ôter la beauté que j'adore,
Pouroit....

LE ROY.

Je Vous entens; consultons les encore.
Puissiez-vous à nos yeux appaiser leur couroux.

CEPHALE.

Ah! Dieux cruels! où me reduisez-vous?

Ils entrent tous deux dans le Temple

Fin du premier Acte.

ACTE SECOND.

Le Theatre repreſente un lieu ſolitaire au pied du Mont-Hymette. On voit quelques Hameaux dans l'éloignement.

SCENE PREMIERE.

PROCRIS, ſeule.

Lieux écartez, paiſible ſolitude !
Soyez ſeuls les témoins de ma vive douleur.
Des peines des amans je ſouffre la plus rude ;
Lieux écartez, paiſible ſolitude
Cachez le deſeſpoir qui regne dans mon cœur.

Helas ! quand j'ignorois la fatalle puissance
Du Dieu qui m'a ravi la paix,
Contente des plaisirs qu'offre l'indifference,
Que mon sort étoit plein d'attraits !
Pourquoy cruel Amour ! par d'invincibles traits.
As-tu domté ma resistance ?
Ah ! j'aimerois encor les maux que tu m'as faits,
Mais les Dieux inhumains m'ostent toute esperance ;
J'aime un jeune Heros, il m'aime avec constance,
Et le Ciel nous condamne à ne nous voir jamais.

Lieux écartez, paisible solitude.
Soyez seuls les témoins de ma vive douleur !
Des peines des Amans je souffre la plus rude.
Lieux écartez, paisible solitude,
Cachez le desespoir qui regne dans mon cœur.

Cephale vient ; helas ! tout redouble ma peine.
Ne puis-je sans le voir abandonner ce lieu ?
Mes pleurs vont me trahir ! quel tourment ! quelle gêne !

SCENE SECONDE.

PROCRIS, CEPHALE.

CEPHALE.

L'Amour belle Procris prés de vous me rameine,
Je viens vous dire un éternel adieu.
Ma mort va contenter la haine
Des Dieux inhumains & jaloux.

PROCRIS.

Ce n'est point vostre mort qu'éxige leur couroux.

CEPHALE.

N'est-ce pas me livrer à la parque inhumaine,
Que de me condamner à vivre loin de vous?
Vous soupirez! vous me cachez vos larmes!
Quoi? seriez-vous sensible à mes cruels ennuis!
Dieux! que mes maux auroient de charmes!

PROCRIS.

Vous voyez malgré moy le désordre où je suis.
Vous payerez bien-cher un aveu trop sincere?
Vous avez trouvé seul le secret de me plaire,
Je n'ay plus rien à vous celer;
Mais, malgré toute ma foiblesse,

Aux volontez des Dieux mon cœur doit immoller,
Sa fatalle tendresse.

Ne me reprochez point les maux que je vous fais,
Laissez moy remporter cette triste victoire....
Si vous avez soin de ma gloire,
Prince, ne me voyez jamais.

CEPHALE.

Ah! puisque vous m'aimez permettez que j'espere.
Vous sçavez qu'Eole est mon pere,
Je puis l'armer....

PROCRIS.

En vain vous flattez mes douleurs,
Il faut briser les nœuds d'une chaîne si belle;
Les Dieux m'ont condamnée à d'éternelles pleurs;
Non, ce n'est plus que la parque cruelle,
Qui peut terminer mes malheurs.

PROCRIS, CEPHALE.

Le Ciel m'avoit donné la flatteuse esperance
Que tout seconderoit mes vœux;
Helas! un sort si rigoureux,
Doit-il de tant d'amour estre la récompense?

PROCCRIS.

Adieu Prince, je fui, nos pleurs sont superflus

CEPHALE.

Cruel destin !

PROCRIS.

O sort Barbare !

PROCRIS, CEPHALE.

Faut-il que le Ciel nous separe ?

PROCRIS.

Adieu.

CEPHALE.

Belle Procris, ne vous verais-je plus !

SCENE TROISIE'ME.

CEPHALE, seul.

Dieux cruels, Dieux impitoyables !
Suis-je assez malheureux au gré de vos desirs ?
Vous m'enlevez tous mes plaisirs,
Mon cœur desesperé vous trouve inexorables.
Dieux cruels, Dieux impitoyables
Suis-je assez malheureux au gré de vos desirs ?
Lancez sur moy vostre tonnere ?

Sous vos injuſtes coups je demande à mourir.....
Mes cris vous ſont en vain une impuiſſante guerre,
Vous me haïrez trop pour me faire perir?...
Que dis-je... helas! mes maux ont laſſé ma con-ſtance
Ah! pardonnez Grands Dieux ſi dans ce triſte jour
Mon deſeſpoir vous offenſe;
Quels crimes ſont plus dignes de clemence,
Que ceux qu'aux tendres cœurs fait commettre l'Amour.

On entend un bruit de Simphonie.

Mon rival icy va paroître.
Un bruit confus s'éleve dans les Airs.
Sçachons, ſans nous faire connoître,
Le ſujet de ces Concerts.

Cephale ſe retire à l'écart.

SCENE QUATRIE'ME.

BOREE. Chœurs & Troupe de Thraces de la suitte de Borée. Cephale retiré à l'écart.

BORE'E.

LEs Dieux m'ont à la fin accordé la victoire.
Mon amour est comblé de gloire,
Cét heureux jour va finir mes malheurs;
Quel plaisir pour les cœurs fidelles,
Quand un heureux succés couronne leurs ardeurs,
Et qu'aprés des peines cruelles,
Il est doux de chanter l'Amour & ses douceurs.

CHOEUR.

Quel plaisir pour les cœurs fidelles
Quand un heureux succés couronne leurs ardeurs;
Et qu'aprés des peines cruelles,
Il est doux de chanter l'amour & ses douceurs.

UN THRACE.

Paisibles habitans de ces douces retraites
Venez prendre part à nos jeux;
Cet ombre, ces gazons, ces demeures secrettes,
Tout y semble estre fait pour les amans heureux.

SCENE CINQUIE'ME.

Tous les Acteurs de la Scene precedente.
Troupe de Pastres & de Bergeres.

PREMIERE ENTRE'E.

Un Pastre & une Bergere.

LEs Rossignols dés que le jour commence,
Chantent l'Amour qui les anime tous;
Si les oiseaux cédent à sa puissance
Quel mal faisons nous
D'aimer à sentir ses coups!
Si leur instinct est rempli d'innocence,
Quel mal faisons nous
De suivre un penchant si doux?

Les Pastres & les Bergeres recommencent leurs danses; aprés quoy le même Pastre & la même Bergere qui ont chanté le dernier Air, chantent le second couplet.

Heureux Troupeaux paissez sur la verdure
Pour vous l'Amour prodigue ses faveurs;

Vous n'avez point de loix que la Nature;
Les biens, les Grandeurs.
Ne sçauroient troubler vos cœurs;
Jamais chez vous la raison ne murmure,
Les biens, les Grandeurs,
Ne vallent pas vos douceurs.

Les danses des Bergers continüent; quand elles sont finies, Céphale sort du lieu où il s'étoit retiré, & s'adresse à Borée.

SCENE SIXIE'ME.

CEPHALE, BORE'E.

CEPHALE.

Vous n'étes pas encor seur de vostre conquête.
Craignez du sort volage un dangereux retour!
Dussais-je voir la foudre à tomber toute prête,
Ma mort seule poura m'arracher mon amour.

BORE'E.

Je souffre d'un jaloux l'impuissante colere.
Ton amour te rend temeraire.
Tu suis une aveugle fureur.
Mais mon cœur genereux veut bien te faire grace:
Pour te punir de ton audace,
C'est assez que tu sois témoin de mon bon-heur.

SCENE SEPTIE'ME.

L'AURORE descend dans une machine brillante.

IPHIS, CEPHALE.

CEPHALE sans voir l'Aurore.

Le Traître à me braver porte son insolence?
Courons à la vengeance,
N'écoutons que l'ardeur dont je suis animé?

L'AURORE.

Cephale où courez-vous? quelle fureur vous guide?

CEPHALE.

Je vais me vanger d'un perfide,
Ou mourir pour l'objet dont mon cœur est charmé.

L'AURORE.

Suspendez les transports d'un genereux courage.
De la beauté qui vous engage
Estes-vous tendrement aimé?

CEPHALE.

Nous ressentons des ardeurs mutuelles,
Nos tendres cœurs forment les mémes vœux;

Jamais le Ciel ne vit deux amans plus fidelles,
Et n'en fit de plus malheureux.

L'AURORE.

Procris peut vous tromper; peut-estre que l'Ingratte
N'aime qu'un vain honneur dont le charme la flatte,
Elle céde à Borée, il triomphe à vos yeux;
Commencez à mieux la connoître?
Rarement l'Amour est le maître
D'un cœur ambitieux.
J'ouvre au Pere du jour la celeste barriere.
Je precéde en tous lieux le Dieu de la lumiere;
La Terre à mon aspect fait éclorre ses fleurs;
Je suis cette Aurore charmante
Dont la clarté toujours naissante
Peint l'Univers des plus vives couleurs,
Et qui même, au milieu de mes tendres douleurs,
Toujours aimable, & toujours bien-faisante,
Enrichis si souvent la Terre de mes pleurs.
Suivez un conseil salutaire,
Vous souffrez pour Procris, elle a trop sçû vous plaire,
Guerissez-vous en la quittant;
C'est estre sage,
Quand une maistresse est volage,
Que d'être inconstant.

CEPHALE.

Quoy! l'Objet charmant que j'adore
Auroit feint de répondre à mes tendres Amours!
Ciel! quel nouveau chagrin m'agite & me devore!
Ah! je ne sçai si Procris m'aime encore;
Mais hélas! je sens bien que je l'aime toujours.

L'AURORE.

Je vais tout employer pour contenter vostre ame;
Ne craignez point un rival odieux;
Pour mieux cacher le feu qui vous enflâme,
Ne paroissez point en ces lieux;
Allez, reposez vous sur ces guides fidelles,
Avant que de suivre vos pas,
Je veux pour terminer tant de peines cruelles,
Vous assurer un destin plein d'appas.
Volez charmans Zephirs accompagnez Cephale,
Aux honneurs les plus grands ses jours sont destinez.
Est-il un mortel qui l'égalle?
Volez, je vais le suivre en des lieux fortunez.

Les Zephirs enlêvent Cephale.

SCENE

SCENE HUITIÉME.

L'AURORE, IPHIS.

IPHIS.

POur rendre un amant volage,
Vous mettez tout en usage ;
Pourquoy prendre tant de soins?
Je croy qu'il en coûte moins
Pour rendre un amant volage.

L'AURORE.

Je connoy ce jeune heros.
Je sçay qu'elle est sa constance & sa flame ;
Tu te souviens du jour qu'il troubla mon repos,
Il venoit en ces lieux confier aux échos
Les tendres secrets de son ame :
Mon cœur se sentit enflâmer,
Rien n'a pû jusqu'icy dissiper ma foiblesse ;
De Pallas j'ay vû la Prêtresse,
J'ay fait rompre un hymen qu'elle alloit confirmer ;
Hé ! que ne fait-on pas, lors que l'Amour nous blesse,
Pour tâcher de se faire aimer?

IPHIS.

Laissez-vous occuper d'une douce esperance,
Cephale par vos soins peut changer en ce jour.
La plus longue perseverance
Doit enfin cesser à son tour ;
S'il-est un temps marqué pour se rendre à l'Amour
Il en est un pour l'Inconstance.

L'AURORE.

C'est trop demeurer dans ces lieux,
Allons trouver l'objet de mon amour extrême ;
Avec plaisir j'abandonne les Cieux,
L'endroit où l'on voit ce qu'on ayme
Vaut bien le sejour des Dieux.

Fin du second Acte.

ACTE III.

Le Theatre represente les lieux où la volupté fait son sejour ; cette Déesse paroît dans le fond du Theatre couchée sur un lit de fleurs.

SCENE PREMIERE.

CÊPHALE, seul.

AMour que sous tes loix crüelles
On souffre de maux rigoureux ?
Par un espoir trompeur tu sçais flatter nos vœux
Pour nous livrer aprés à des peines mortelles.

Amour que ſous tes loix cruelles
On ſouffre de maux rigoureux ?
Quand tu contrains deux cœurs à reſſentir tes feux ,
Dois-tu laiſſer rompre des nœuds
Qui devroient leur former des chaînes éternelles.
Amour que ſous tes loix cruelles
Les cœurs conſtants ſont malheureux !
Et qu'il en eſt peu de fidelles ?
Amour que ſous tes loix cruelles,
On ſouffre de maux rigoureux ?

SCENE SECONDE.

CEPHALE , IPHIS.

IPHIS.

Rien ne peut-il appaiſer vos allarmes ?
Quoy ! Cephale en ces lieux charmants
Vous ſoupirez ! vous repandez des larmes !

CEPHALE.

Ah ! pour les malheureux Amans
Eſt-il quelque ſejour qui puiſſe avoir des charmes ?

IPHIS.

Vous devez esperer la fin de vos malheurs.

Tot ou tard l'Amour repare
Les maux qu'il fait aux tendres cœurs.
Et c'est souvent par d'extrêmes rigueurs
Qu'il nous prepare
A ses plus charmantes faveurs.
Tot ou tard l'amour repare
Les maux qu'il fait aux tendres cœurs.

Parlant à la Volupté.

Déesse dont toujours on ayma la puissance,
Vous qui par d'agreables loix,
Rendez quand il vous plaît les Heros & les Rois
Esclaves des plaisirs que vostre main dispense;
Tranquille volupté venez avec les jeux
D'un trop fidelle amant appaiser le martyre:

Vous pouvez combler tous nos vœux
Tout rit, tout plaît sous vôtre Empire;
Et si quelqu'un s'y plaint du pouvoir amoureux,
C'est moins de peine qu'il soupire,
Que du plaisir qui le rend trop heureux.

SCENE TROISIE'ME

CEPHALE, IPHIS, LA VOLUPTE'.

Trouppe & Choeur de Jeux, de plaisirs & de suivantes de la volupté.

La Volupté & sa suitte, forment une entrée de Ballet.

LA VOLUPTE'.

Tendres Amans bravez vos peines.
Le Dieu qui vous donne des chaînes,
Doit à la fin vous secourir;
La moindre grace
Que l'Amour fasse,
Sçait nous payer des maux qu'il fait souffrir.

CHOEUR.

Tendres Amans bravez vos peines,
Le Dieu qui vous donne des chaînes
Doit à la fin vous secourir;
La moindre grace
Que l'Amour fasse
Sçait nous payer des maux qu'il fait souffrir.

LA VOLUPTÉ.

Loin de ces lieux triste sagesse.
Doit-on deffendre à la jeunesse
De se former d'aymables nœuds ;
Dans le bel âge ,
Est-ce estre sage
De füir un sort qui peut nous rendre heureux.

La Volupté & sa suitte recommencent leurs danses.

SCENE QUATRIÈME.

L'AURORE, IPHIS, CEPHALE.

L'AURORE.

POur dissiper vostre tristesse ,
Vous voyez les soins que j'ay pris !
Tachez de surmonter une indigne foiblesse ,
La volage beauté dont vous estes épris
Est plus digne de vos mépris ,
Qu'elle ne fut d'avoir vostre tendresse ,

CEPHALE.

De mon funeste sort , Ciel ! quelle est la rigueur ?

L'AURORE.

Vous soupirez encor pour elle ?

CEPHALE.

J'ay honte d'estre trop fidelle,
Mais helas ! le depit qui déchire mon cœur
Redouble ma peine cruelle
Et n'affoiblit point mon ardeur.

L'AURORE.

Cessez d'estre sensible aux beautez des mortelles ;
Cherchez un sort dont les Dieux soient jaloux.
De tant de Deïtez qui brillent parmi nous,
Les plus fieres, les plus rebelles,
Cesseront de l'être pour vous.

Peut-estre en dis-je trop ; vous allez me connoistre,
Cephale, il ne faut plus vous rien dissimuler
En vain j'ay voulu vous celer
Que de mon foible cœur l'amour s'est rendu Maître ;
Mes soins pour le cacher on esté superflus,
Contre luy la fierté n'est qu'un foible remede,
Helas ! quand ce Dieu nous possede,
Les Dieux les plus puissants ne se possedent plus.
Vous voyez mon ardeur, parlez sans vous contraindre ?

CEPHALE

CEPHALEE.

De vos bien-faits mon cœur se sent comblé,
Mais... Dieux !

L'AURORE.

Que dites-vous ?

CEPHALE.

Que mon sort est à plaindre ?
Indigne des honneurs dont je suis accablé....

L'AURORE.

N'acheve pas Ingrat ? je prevoy quel outrage
Tes injustes mépris feroient à mes ardeurs !
Va languir pour une volage,
Va te livrer à d'éternels malheurs,
Je ne seray pas seule à répandre des pleurs....
Il fuit... il m'abandonne à ma honte, à ma rage....
Cephale, tu te pers ! cesse de m'irriter ?
Tu te repentirois d'avoir sçû me déplaire.

CEPHALE.

Je n'ay rien fait pour mériter
Ni vos soins, ni vostre colere.

Vous me faites voir en ce jour
Un barbare couroux ; une rage inhumaine ;

Je ne croyois pas que l'Amour
Dût tant ressembler à la haine.

L'AURORE.

Vous me bravez cruel? vous connoissez mon cœur,
Je vous ay fait voir sa foiblesse;
Vous ne sçavez que trop, que toute ma fureur,
Ne peut égaler ma tendresse.

CEPHALE.

De vos bontez interompez le cours.
Vostre amour outragé demande une victime,
Faites finir mes tristes jours,
Punissez-moy; suivez un couroux legitime....

L'AURORE.

Je ne vous puniray qu'en vous aymant toujours.
Aymez qui vous méprise, & fuyez qui vous ayme?
Vous serez le témoin de mes tendres ardeurs;
A vos yeux chaque jour j'offriray mes douleurs,
Et jusques dans vostre cœur même,
Mes maux & mon amour trouveront des vangeurs.

Partez? c'est trop gêner vostre ame impatiente,
Allez offrir à de trompeurs appas
L'homage genereux d'une flame constante.
Zephirs accompagnez & conduisez ses pas.

SCENE CINQUIE'ME.

L'AURORE, IPHIS.

L'AURORE.

TU vois ma honte & mon suplice?

IPHIS.

Vangez-vous de l'Ingrat qui cause vos ennuis.

L'AURORE.

Quel triomphe pour luy! dans l'état où je suis,
S'il sçavoit, que forcée à luy rendre justice
Ma raison me contraint d'approuver ses mépris!

IPHIS.

Que dites-vous?

L'AURORE.

Apprens qu'elle est mon infortune?
Jamais je ne l'ay tant aymé;

Mon cœur malgré luy-même ; est surpris & charmé
D'une vertu si peu commune. ...
Ah ! c'est un crime encor dont je doy le punir ?
Il me quitte ! il me hait ! & sçait toujours me plaire ?
Vangeons-nous ; je le puis.... qui peut me retenir ?..
A mon juste couroux, ma tendresse est contraire,
Et je crains bien que ma colere,
N'augmente mon amour au lieu de le bannir.

Fin du Troisiéme Acte.

ACTE IV.

Le Theatre repreſente les Jardins du Palais d'Erictée.

SCENE PREMIERE.

DORINE, ARCAS.

ARCAS.

BOrée épouſe la Princeſſe
Je dois avec Cephale abandonner ces lieux,
Veux-tu couronner ma tendreſſe,
Ou pour jamais recevoir mes adieux!
Tu peux rendre aujourd'huy mon ame ſatisfaite,
A m'épouſer voudras-tu conſentir?

DORINE.

Le feu de ton amour pouroit se rallentir ;
S'il avoit tout ce qu'il souhaite ;
Quelques plaisirs qu'on se promette ;
Il n'est depuis l'hymen qu'un pas au repentir.

ARCAS.

A d'éternels refus, dois-je toujours m'atendre ?

DORINE.

N'espere pas que je me rende un jour,
Mon cœur, de s'engager sçaura bien se deffendre :
Trop souvent l'hymen le plus tendre,
Eteint le flambeau de l'amour.

ARCAS.

Les mépris d'une cruelle
Rendront le calme à mon cœur.
Malheureux qui s'obstine à souffrir la rigueur
D'une beauté rebelle.
Dans l'empire amoureux le cœur le moins constant
Est bien souvent le plus constant.

DORINE, ARCAS.

Vivons toujours sans tristesse.
N'aimons qu'à rire & chanter.
Quand l'amour nous blesse,

S'il offre un doux moment taſchons d'en profiter ;
Mais regardons un excés de tendreſſe
Comme une foibleſſe
Qu'on doit éviter.

SCENE SECONDE.

L'AURORE, IPHIS, DORINE, ARCAS.

L'AURORE.

SUr d'autres que ſur vous doit tomber ma vengeance !
Haſtez-vous de vous retirer.
Le mépris d'un Ingrat m'offence ;
Qu'il ſouffre les tourmens qu'il me fait endurer.

SCENE TROISIE'ME.

L'AURORE, IPHIS.

L'AURORE.

O Vous? implacable ennemie
Des cœurs que l'amour rend heureux,
Déesse des soupçons, barbare jalousie,
Pour entendre ma voix de vos gouffres affreux,
Suspendez les fureurs dont vous estes saisie?
Par les charmes les plus puissans,
Inspirez à Procris une haine cruelle?
Peignez luy Cephale infidelle,
Troublez son esprit & ses sens?
Ah! toutes les horreurs que vostre rage inspire,
Tous les maux que produit vostre funeste empire,
N'égaleront jamais les troubles que je sens.

On entend une Simphonie lugubre.

Sortons; la jalousie en ces lieux va se rendre;
Cette affreuse Divinité
Ne pouroit souffrir la clarté
Que je suis malgré moy contrainte de répandre.
Helas?

IPHIS

IPHIS.

Qui vous fait ſoupirer ?
A remplir vos deſirs tout ſemble conſpirer,
La haine que Procris fera voir à Cephale,
Poura vers elle empeſcher ſon retour.

L'AURORE.

Iphis ma peine eſt ſans égalle,
Je connois trop bien ſon amour,
Ma rage & tes conſeils lui vont ravir le jour....
Non, je ne puis ſouffrir que ce Heros periſſe.
Divinité que mes fureurs
Vient d'armer pour ſon ſuplice....,

IPHIS.

Procris vient, banniſſez vos injuſtes terreurs.
Qui vous rend en ce jour ſi contraire à vous meſme?
Une indigne pitié doit-elle vous trahir ?

L'AURORE.

Tes conſeils ſur mon cœur ont un pouvoir ſuprême
C'en eſt fait, que l'Enfer ſoit preſt à m'obeïr....
De ma vengeance, Iphis, j'auray peine à joüir.
Quand je ſonge à l'objet de mon ardeur extrême,
J'oublie helas ! que je dois le haïr,
Et je ſens trop bien que je l'ayme.

SCENE QUATRIE'ME.

PROCRIS seule.

FUneste mort donnez-moy du secours?
Ah! par pitié venez trancher mes jours?
Mon infortune est certaine;
C'est peu de perdre helas! l'objet de mes amours,
Je me voy condamnée à m'unir pour toujours,
A l'objet de toute ma haine.
Rien ne peut me tirer de cette affreuse peine.
Funeste mort donnez-moy du secours?
Ah! par pitié venez trancher mes jours?

On entend un bruit soûterain.

Quel bruit lugubre & sourd icy se fait entendre!
Mille abîmes se sont ouverts?

SCENE CINQUIE'ME.

Le Theatre change & represente l'Antre où la Jalousie fait son sejour.

LA JALOUSIE, LA RAGE, LE DESESPOIR.

PROCRIS.

Je me voy transportée en d'horribles deserts?
Ciel! quelle nuit vient me surprendre?
Pourquoy fremir? l'Enfer touché de mes soupirs,
Veut-il par le trépas finir mes déplaisirs?

Elle apperçoit la Jalousie.

Venez, inhumaine furie,
Venez, je m'abandonne à vos barbares mains.
Terminez ma mourante vie;
Si de quelque frayeur je vous parois saisie,
Ce n'est pas vostre barbarie,
C'est vostre pitié que je crains.

LA JALOUSIE.

Pour calmer vos ennuis le Ciel icy m'appelle,
L'Enfer s'interesse pour vous;
Voulez-vous conserver une flame immortelle
Pour un volage, un infidelle?
Ah! ne suivez que vos transports jaloux;
Pour accabler l'Ingrat d'une haine cruelle,
Que s'il se peut vostre couroux,
Egalle les plaisirs de son ardeur nouvelle?

PROCRIS.

Graces aux Dieux, je ſuis au comble des malheurs.
Le ſort me fût toujours contraire ;
Mais je ne croyois pas ô Ciel ! que ta colere,
Dût finir par ce coup ma vie & mes douleurs.

Elle tombe évanoüie.

LA JALOVSIE, LA RAGE, LE DESESPOIR.

Pour obeïr à la Déeſſe,
Inſpirons à Procris nos tranſports furieux.
Profitons de cette foibleſſe,
Qui va cacher noſtre rage à ſes yeux ;
Venez, Demons, venez, montrez-vous en ces lieux !
Que chacun de nous s'empreſſe,
D'obeïr à la Déeſſe.

SCENE SIXIE'ME.

LA JALOUSIE, LA RAGE, LE DESESPOIR.
Chœur & Troupe de Demons.
PROCRIS évanoüie.

CHOEVR.

ACcourons traînons nos fers.
Nous allons dans ces lieux, pour remplir vostre attente,
Répandre la terreur, le trouble & l'épouvante;
Accourons traînons nos fers
Transportons icy les Enfers.

ENTRE'E DE DEMONS.

LA JALOVSIE s'approche de Procris.

Sortez d'un honteux esclavage.
Méprisez l'inconstant qui cause vostre ennuy?
Que le Dépit, la Fureur & la Rage,
Vous animent seuls aujourd'huy?
Non, non, vous ne sçauriez luy faire trop d'outrage,
La haine que l'on sent pour un Amant volage;
Se mesure à l'amour que l'on avoit pour luy.

CHOEUR.

Sortez d'un honteux esclavage;
Méprisez l'inconstant qui cause vostre ennuy.
Que le Dépit, la Fureur & la Rage,
Vous animent seuls aujourd'huy?
Non, non, vous ne sçauriez luy faire trop d'outrage:
La haine que l'on sent pour un Amant volage,
Se mesure à l'amour que l'on avoit pour luy.

Les Demons & la Jalousie inspirent leur fureur à Procris, & se retirent.

SCENE SEPTIE'ME.

Le Theatre change & represente les mesmes Jardins qui avoient paru auparavant. Procris sort de son évanoüissement agitée des fureurs que la Jalousie vient de luy inspirer.

PROCRIS, CEPHALE.

PROCRIS.

L'*Ingrat: mais Dieux: où suis-je?*

CEPHALE.

Enfin le Ciel propice.

PROCRIS.

Perfide, je te voy? va? fuy loin de mes yeux?
Par tes mensonges odieux
Tu ne peux plus couvrir ton injustice?
Cherche des lieux remplis de traîtres, d'imposteurs?
Où l'on puisse imiter tes trahisons secrettes.
Pour le malheur helas! des sinceres ardeurs,
Tu n'auras que trop de retraites?

CEPHALE.

Que dites-vous cruelle! Ah! vous voulez en vain
Sous un voille trompeur cacher vostre inconstance.

PROCRIS.

Pour me vanger de ton offence,
A ton Rival je vais donner la main;
J'acheteray bien cher une triste vengeance?
J'en mouray, je le sens; mais mon cœur sans effroy,
Verra de son destin les rigueurs inhumaines;
Non, traistre? je ne puis par de trop rudes peines,
Me punir de l'amour que j'ay senty pour toy.

CEPHALE.

Vous m'accusez quand j'ay lieu de me plaindre...

PROCRIS.

Tes détours seront superflus?
Croy-moy, ne cherche point à feindre?
Mon cœur est détrompé, je ne t'écoûte plus.

Va retrouver ta conquête nouvelle?
Que ne puis-je, à tes yeux plus charmante & plus belle,
Sur elle remporter le prix?
De ton perfide cœur me rendre souveraine?
Pour payer à jamais de froideur & de haine,
L'ardeur dont tu serois épris.

Elle sort.

CEPHALE.

Sans vouloir m'écoûter, l'Ingratte se retire?
Ah! c'est au désespoir que je doy recourir!
Je ne puis supporter un si cruel martyre.
Courons la voir, l'appaiser, ou mourir.

Fin du quatriéme Acte.

ACTE V.

Le Theatre repreſente un Bois.

SCENE PREMIERE.

PROCRIS, DORINE.

PROCRIS.

NE me parle plus d'un parjure.
Prens-tu quelque plaiſir d'aigrir mon deſeſpoir?
Ah! plûtoſt pour m'aider à ſuivre mon devoir,
Dis-moy que j'en reçoy la plus cruelle injure?
Et quoy que mon cœur en murmure,
Que ma gloire m'oblige à ne jamais le voir.
A ne jamais le voir? O gloire trop cruelle!
Cephale? helas! que ne m'es-tu fidelle?
Quelle que fût des Dieux l'impitoyable loy,
Prête à mourir du coup qui nous ſepare,
J'aurois malgré le Ciel barbare,
La douceur d'expirer en te donnant ma foy?

Quel plaiſir, en mourant de te voir, de t'entendre?
Tes yeux me donneroient des pleurs,
Et le ſoin de tes jours pourroit ſeul me deffendre,
De te rendre témoin de toutes mes douleurs.
Mais Ingrat, tu me fuis, & ma tendreſſe eſt vaine;
Ton laſche cœur ſe plaiſt à me trahir?
Cruel? Ah! quand tu vois que ma mort eſt certaine,
Dois-tu pour redoubler ma peine,
Contraindre en expirant mon cœur à te haïr?

DORINE.

Céphale au deſeſpoir m'a fait voir ſes allarmes;
J'ay vû ſes yeux baignez de larmes,
Vous chercher, pour bannir voſtre fatalle erreur.

PROCRIS.

Non, non, il veut encore tromper mon foible cœur,
Dorine, mon trépas n'aura rien qui l'étonne?
Revenez ma juſte fureur,
Je ne ſçaurois avoir trop en horreur
Le perfide qui m'abandonne.
C'en eſt fait; je le hais; je ne veux plus ſonger
Qu'à ſuivre un fier devoir qui peut ſeul me vanger.
Inutille couroux, impuiſſante vengeance,
En vain pour me tromper je fais ce que je puis.

DORINE.

De vos tranſports calmez la violence?
On vient.

PROCRIS.

Helas! doit-on me contraindre au silence,
Quand la plainte peut seule adoucir mes ennuis.

SCENE SECONDE.

PROCRIS, BORE'E, DORINE.
Chœur & Troupe de Thraces.

BORE'E.

BElle Princesse enfin approuvez-vous ma flame?
Et lors qu'un doux Hymen vous unit en ce jour,
M'est-il permis de croire que vostre ame,
Veut bien partager mon amour?
Vous vous troublez? vous estes interdite?
Ingrate? mes soupirs n'ont-ils pû vous toucher!

PROCRIS.

Ne soyez pas surpris du trouble qui m'agite
Pardonnez à mon cœur le desordre qu'excite
Un amour qu'il veut vous cacher.

BORE'E.

Qu'entens-je? mes craintes sont vaines?
Vous consentez à couronner mes feux?
Aprés de mortelles peines,
Que l'Hymen a d'appas pour deux cœurs amoureux;
Non, il n'a point de douces chaînes,
Si l'Amour n'en forme les nœuds.

PROCRIS, BORE'E.

Aprés de mortelles peines,
Que l'Hymen a d'appas pour deux cœurs amoureux!
Non, il n'a point de douces chaînes
Si l'Amour n'en forme les nœuds.

BORE'E.

Rien ne me trouble plus, & ma joye est extrême?
O vous? chers confidens de mes tristes soupirs,
Et que je rends témoins de mon bonheur suprême,
Si vos cœurs prennent part à mes tendres plaisirs,
Honorez la beauté que j'ayme.
Empressez-vous de rendre à ses beaux yeux,
L'homage que l'on rend aux Dieux.

CHOEUR.

Empressons-nous de rendre à ses beaux yeux,
L'homage que l'on rend aux Dieux.

PREMIERE ENTRE'E.

BORE'E.

Est-il de plus douce victoire,
Que celle des Amans que l'Amour rend heureux?
Quel triomphe! quelle gloire!
De voir une beauté qui méprisoit nos feux
Ceder & se rendre à nos vœux.

Est-il de plus douce victoire
Que celle des Amans que l'Amour rend heureux.

Le Chœur repete ces parolles, & les Thraces recommençent leurs danses.

BORE'E.

Approuvez les ardeurs d'une ame impatiente,
Je vais presser le Roy d'accomplir mes desirs.
Les momens qu'il differe à remplir mon attente,
Il les dérobe à mes plaisirs.

SCENE TROISIE'ME.

PROCRIS, DORINE.

PROCRIS.

AH ! pendant ces momens où je suis libre encore,
Prevenons les malheurs qui me sont destinez,
C'est traîner trop long-temps des jours infortunez,
Et nourrir en mon cœur l'ennuy qui le devore?
Mourons. ...

SCENE QUATRIE'ME.

L'AURORE, PROCRIS, DORINE.

L'AURORE.

MOderez vos transports
Procris, à vostre sort l'Aurore s'interesse.
Pour couronner vostre tendresse,
Je viens employer mes efforts,
Cephale vous conserve une immortelle flame
Une jalouse Deïté
A fait inspirer à vostre ame
Un injuste soupçon de sa fidelité.

PROCRIS.

Quoy? Cephale... Cephale à mes maux est sensible;
Il m'ayme... Ah! mon destin m'en paroist plus affreux?

L'AURORE.

A mes desirs il n'est rien d'impossible,
Ne craignez point un Hymen rigoureux.
Allez, prés d'un Amant, par des ardeurs nouvelles
Renouveller vos flames mutuelles,

Et des Dieux appaisez oublier le couroux?
Combien est-il de cœurs fidelles,
Qui par des peines plus cruelles,
Voudroient bien acheter un succés aussi doux?

SCENE CINQUIE'ME.

L'AURORE seule.

QUe fais-je? quel projet? une pitié fatalle,
A servir ces Amans me va-t'elle engager?
Ciel! sans fremir puis-je songer
Au bonheur dont mes soins vont combler ma rivalle?
Mais plûtost, de ma flame un indigne retour,
Pourroit-il m'empécher de vaincre mon amour?
Cesse de m'ataquer importune tendresse?
Si les Dieux sont jaloux, ils ne sont pas cruels.
Plus nostre rang nous place au dessus des mortels,
Moins nous devons partager leur foiblesse.

SCENE SIXIE'ME.

L'AURORE, IPHIS.

L'AURORE.

HE bien! de mes soins genereux
Cephale est-il content? as-tu sçû l'en instruire?

IPHIS.

Cephale, des mortels est le plus malheureux.

L'AURORE.

Juste Ciel! que vas-tu me dire?

IPHIS.

Le Roy soumis aux volontez des Dieux,
A fait rompre un hymen à vos desirs contraire;
Borée irrité, furieux,
A trouvé son Rival assez prés de ces lieux,
Procris n'a pû suspendre leur colere...
Déja de sa fureur prompt à se repentir,
Borée alloit prendre la fuite,
Lorsqu'un trait qu'au hazard Cephale fait partir,
Frappe d'un coup mortel la Princesse interdite.

L'AU-

L'AVRORE.

Qu'entens-je ? O destin rigoureux,
Pourquoy t'opposer à ma gloire ?
Tu viens m'enlever la victoire,
Que j'allois pour jamais remporter sur mes feux ?
Cent mouvemens divers trouvent place en mon ame ;
Malgré tous mes efforts, une secrette flame
Cherche encor à s'y rallumer.

IPHIS.

Cephale vient.

L'AVRORE.

Sortons, je crains qu'il ne me voye ;
Cachons un lasche amour qui veut se r'animer,
Cachons. . que sçais-je Iphis ? une maligne joye
Que ma gloire offencée à peine peut calmer.

SCENE SEPTIE'ME.

CEPHALE. Troupe d'Atheniens.

CEPHALE.

AH ! laissez-moy mourir ? vostre pitié cruelle
Veut-elle prolonger les rigueurs de mon sort ?
Malheureux que je suis ? cette main criminelle
A ma cher Procris vient de donner la mort.

Pourquoy m'arracher d'auprés d'elle?
Pourquoy par un barbare effort,
Me retenir au jour quand son ombre m'appelle?
Ah! laissez-moy mourir? vostre pitié cruelle
Veut-elle prolonger les rigueurs de mon sort?

SCENE HUITIE'ME, ET DERNIERE.

PROCRIS mourante soutenuë par DORINE.
CEPHALE. Troupe d'Atheniens.

CEPHALE.

M*Ais, je la voy! Procris!*

PROCRIS.

Cephale!

PROCRIS, CEPHALE.

O jour funeste!

CEPHALE.

Vous me quittez, demeurez en ces lieux,
Voulez-vous m'enlever le seul bien qui me reste!

PROCRIS.

Hé bien! Cephale, hé bien! recevez mes adieux.
A suivre vos desirs mon propre amour m'entraîne;
J'aurois voulu, de peur d'augmenter vostre peine,
Me priver du plaisir de mourir à vos yeux.

CEPHALE.

Je vais vous suivre en la nuit éternelle.

PROCRIS.

Non, vivez? je le veux; je veux revivre en vous.
Vous m'aymeZ, vous m'estes fidelle,
Mon sort doit me paroistre doux.
Adieu; le destin veut que je vous abandonne,
Cher Cephale aymez-moy toujours,
Mais que le souvenir de nos tristes amours,
Ne trouble point le repos de vos jours;
Oubliez-moy plutost, c'est moy qui vous l'ordonne.
Tout mon corps s'affoiblit.. je fremis.. je me meurs..
Déja du noir séjour j'entrevoy les horreurs?
A mes yeux obscurcis la lumiere est ravie?
Reçoy ma main Cephale, & sois seur qu'en ce jour,
Le dernier soupir de ma vie,
Est encore un soupir d'amour.

Elle tombe entre les bras de Dorine qui l'emmeine.

CEPHALE.

Acheve ô Ciel barbare! assouvy ta colere!
Ah! je sens qu'à la fin tu te rens à mes cris?
Tu cesse de m'estre severe,
Je succombe à mes maux, rien ne m'est plus contraire,
Et je vais aux Enfers rejoindre ma Procris.

Fin du cinquiéme & dernier Acte.

www.ingramcontent.com/pod-product-compliance
Ingram Content Group UK Ltd.
Pitfield, Milton Keynes, MK11 3LW, UK
UKHW031941260826
14628UKWH00004B/1782

9 782329 498928